Género Cuento folclórico

Pregunta esencial
¿Cuándo te ha ayudado un plan a cumplir una tarea?

I0799050

El salto del Tequendama
Los muiscas y el agua

Sindy Moya Chaves
ilustrado por María Paula Dufour

CAPÍTULO 1

Una lluvia interminable

En tiempos antiguos, los pobladores de la sabana de Bogotá, en Colombia, eran los muiscas. La sabana es un lugar extenso y plano y, en este caso particular, rodeado de montañas. Los muiscas eran un pueblo trabajador.

Los relatos de los muiscas han sido contados una y otra vez, desde los abuelos de los tatarabuelos de los muiscas, hasta hoy. Los muiscas ya no existen como comunidad indígena, pero se conservan sus relatos. Uno de los más famosos es este que leerás a continuación. Cuenta la historia de un hermoso salto, o caída de agua. El salto es el resultado del trabajo del sabio anciano Bochica.

Los muiscas cultivaban maíz, yuca, papa y arracacha. Su bebida favorita la preparaban con maíz. Además eran artesanos. Creaban grandes tejidos y bellas mantas para protegerse del frío extremo de su región. También eran muy buenos fabricando cerámica y joyas en oro. Les encantaba llevar puestas sus elaboradas piezas.

Los muiscas vivían muy cerca de grandes lagunas y ríos. Allí se bañaban, jugaban y celebraban sus fiestas. Pero una vez, llovió tanto que la lluvia no los dejó disfrutar más de los ríos y las lagunas. Llovió durante días, semanas y meses. Los muiscas estaban muy preocupados porque las aguas estaban dañando los cultivos, y el tamaño de las lagunas y de los ríos aumentaba con rapidez.

Los muiscas se reunieron para encontrar una salida a este problema. No querían una solución rápida y fácil sino que querían encontrar una solución duradera. Durante horas propusieron diferentes ideas.

—Cubramos los cultivos con las ramas más grandes de los árboles —exclamó alguien durante la reunión.

—Pongamos grandes plantas como barrera. Eso detendrá los ríos y seguirán su curso —dijo otro muisca.

—Vayamos a hablar con el sabio Bochica. ¡Él sabrá qué hacer! —dijo una de las mujeres allí presentes.

AHORA COMPRUEBA

¿Por qué los muiscas querían hablar con el sabio Bochica?

Bochica era un sabio anciano que vivía en el pico de una de las montañas que rodeaban la sabana. Algunos decían que había llegado allí después de haber sido un reconocido guerrero muisca que luchó en grandes batallas.

Decían que su larga barba era consecuencia de más de cien años de edad. Miles de arrugas en su rostro revelaban su sabiduría, y su increíble cuerpo musculoso indicaba una gran fortaleza.

Era común que los hombres muiscas se reunieran periódicamente con Bochica para hablar sobre asuntos del pueblo. Su gran sabiduría los sacaba de apuros. Además, en esas reuniones disfrutaban de exquisitos platos de maíz. Los niños también hablaban con él para contarle sus aventuras, y las mujeres muiscas lo visitaban para mostrarle y regalarle tejidos y joyas.

Bochica casi nunca bajaba al pueblo. Prefería la soledad y el silencio de la montaña. Cuando alguien venía a visitarlo, él sostenía su bastón con firmeza.

CAPÍTULO 2

Bochica

El sabio Bochica procuraba esperar en silencio. Solo hablaba cuando era estrictamente necesario. Como todos los sabios, Bochica sabía escuchar y esperar el momento para intervenir en una conversación. Era paciente y prudente.

Como tenía tantos años, o eso parecía decir su barba, conocía todas las historias de los muiscas: la de los abuelos de los abuelos, la de los primeros tejidos y las historias de las primeras plantas del fruto dorado, el maíz. Por lo tanto, sabía muchas historias que solo relataba en noches de luna llena.

Sus relatos eran sorprendentes y maravillosos. Los contaba lentamente, con detalles, acompañado de la luz de la luna, el destello de las estrellas y el croar de los sapos.

Bochica hacía muchos gestos. Si estaba molesto, fruncía el ceño y se podían ver miles de olas en su frente. Si estaba triste, sus labios se estiraban y una línea muy profunda formaba una luna alrededor de ellos. Cuando estaba feliz, sus cachetes se engordaban como globos y se ponían tan rojos como un par de tomates frescos.

Algunos muiscas subieron a la montaña para pedirle consejo a Bochica. Iban cubiertos con mantas, y con las ramas de los árboles hicieron un paraguas para protegerse de la lluvia. ¡La sabiduría de Bochica podría ayudar a encontrar la solución a las inundaciones!

Bochica los recibió con una bebida de maíz caliente. Mientras la bebían, un joven muisca le habló de las inundaciones. Las aguas estaban afectando los cultivos, el ganado, y pronto llegarían a las viviendas.

No tuvieron que explicarle mucho más. Desde la montaña, Bochica había notado las crecientes de los ríos y las lagunas. El paisaje se había transformado. Había dejado de ser verde. Se estaban formando grandes espejos de agua en los cultivos. Los ríos habían dejado de ser una línea y se habían convertido en una masa que fluía e invadía la tierra.

Bochica observó con detenimiento la expresión de los hombres. Lucían angustiados y desesperados.

Bochica escuchó los lamentos de los habitantes de la sabana. La lluvia no cesaba y era necesario encontrar una solución pronto, pues, si las lluvias continuaban, tendrían que dejar esa tierra productiva y tranquila.

El sabio Bochica pidió unos días para encontrar la solución.

—Vayan a sus casas y protéjanse de la lluvia —dijo levantando su bastón—. Cuiden de sus familias y del ganado. En tres días bajaré con la solución.

¡Tres días era demasiado tiempo! En tres días, el agua llegaría a las viviendas. En tres días, el maíz se perdería bajo las aguas. <u>En tres días, los animales...</u>

Pero Bochica era sabio; un sabio anciano que daba consejos adecuados y encontraba la solución a los problemas.

Los muiscas esperaron los tres días, fingían estar tranquilos mientras veían cómo el nivel de las aguas subía.

Detective del lenguaje	**¿Cuál es la función de los puntos suspensivos en la frase subrayada?**

El sol y la luna pasaron por el cielo tres veces. La lluvia seguía cayendo. El agua seguía cubriendo los prados de la sabana.

Bochica se sentó en una montaña a meditar. Contemplaba la sabana inundada, mientras recordaba cuándo había visto llover con tanta fuerza. En sus numerosos años, era la primera vez que veía algo así. Sin embargo, esto no lo hizo perder la calma.

Para encontrar la solución a la inundación, primero, observó las nubes y la fuerza de la lluvia. Luego, detalló el recorrido de los ríos.

El sabio anciano pensaba en los muiscas y en lo más conveniente para ellos.

AHORA COMPRUEBA

¿Qué fue lo primero que hizo Bochica para encontrar la solución a la inundación?

CAPÍTULO 3

El origen del salto

Después de tres largos y solitarios días y tres largas y tranquilas noches, el sabio Bochica supo qué hacer. ¡Había encontrado la solución! Por algo era el muisca más sabio.

Tomó algunas provisiones de maíz, descendió de la montaña y fue hacia el grupo de muiscas que había solicitado su ayuda.

—La solución está en el sudeste —dijo apenas llegó—, allá donde las montañas y la sabana terminan.

Algunos muiscas decidieron acompañarlo en su recorrido: tomaron más provisiones y fueron en la dirección propuesta por el sabio Bochica.

La marcha no podía llevarles más de dos días. Era necesario impedir la inundación. La lluvia no cesaba y el agua estaba invadiendo más terreno, por lo que debían recorrer su camino de prisa.

Detective del lenguaje

La palabra subrayada es un artículo definido. Busca otros en esta página.

El grupo caminó durante dos días y dos noches. No había tiempo para descansar. Durante la noche, la luna llena los observaba y les iluminaba el camino reflejando su luz sobre el agua.

Evitaban con destreza las aguas y caminaban a toda marcha, pero parecía como si el final de las montañas y de la sabana no llegara. La caminata era agotadora. ¿Por qué iban al sudeste donde las montañas y la sabana terminaban? Nadie se atrevía a preguntar. Todos caminaban en silencio y a prisa.

Bochica encabezaba la marcha, observando cada paso. Su gran bastón lo acompañaba, lo guiaba y le servía de apoyo y protección: calculaba la profundidad de los charcos con su bastón.

AHORA COMPRUEBA

¿Qué objeto llevaba el sabio Bochica?

Finalmente, el grupo de muiscas dirigido por el sabio Bochica se detuvo, pues habían llegado donde terminaban las montañas y la sabana. Había unas enormes rocas. Entonces, Bochica le pidió al grupo que se ubicara encima de las rocas. Nadie podía permanecer sobre los prados de la sabana.

Bochica levantó su bastón y con gran fuerza golpeó en el último rincón de la sabana. Ante la sorpresa de todos, ¡el suelo se abrió!

Las aguas que inundaban la sabana comenzaron a fluir por el hueco que el bastón de Bochica había abierto. Como estaban al final de la sabana y de las montañas, la caída del agua formó una gran cascada brillante. La luz resplandeciente del agua cegó a los muiscas, que observaban sorprendidos. El impresionante sonido de la fuerza del agua los ensordeció. Bochica había encontrado la solución, y el salto de agua era hermoso.

El agua caía maravillosamente entre las rocas. La sabana ya no estaba inundada: se podían ver las tierras y los cultivos. ¡La tierra se estaba secando! El agua se despedía con fuerza de las tierras muiscas.

Hoy en día, el bello salto de agua, al final de la sabana, se conoce como el salto del Tequendama. Cada vez que alguien lo visita, recuerda cómo un sabio anciano abrió la tierra con su bastón para dejar fluir el agua. Con su poderoso sonido, el salto parece contar la historia de Bochica una y otra y otra y otra vez.

Respuesta a la lectura

Resumir

Usa los detalles más importantes de *El salto del Tequendama: Los muiscas y el agua* para resumir el cuento. Usa el organizador gráfico como ayuda.

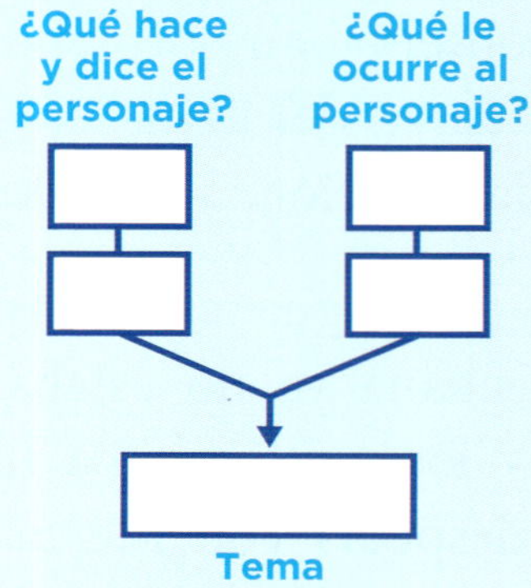

Evidencia en el texto

1. ¿Cómo sabes que *El salto del Tequendama: Los muiscas y el agua* es un cuento folclórico? Identifica una característica que te permita determinarlo. **GÉNERO**

2. ¿Cuál es el mensaje de *El salto del Tequendama: Los muiscas y el agua*? Explica tu respuesta a partir de detalles del texto. **TEMA**

3. Explica por qué la oración "la luna llena los observaba y les iluminaba el camino", en la página 13, es una personificación. **PERSONIFICACIÓN**

4. Escribe acerca de cómo el plan de Bochica ayudó a los muiscas a resolver el problema de la inundación. Explica cómo esto ayudó al autor a comunicar el tema. **ESCRIBIR SOBRE LA LECTURA**

Género Texto expositivo

Compara los textos

Lee para saber los pasos de un proceso que lleva a un producto muy útil.

De la fibra a la moda

Algunos trajes son de algodón. Lo creas o no, el algodón crece en una planta. Para hacer tela de algodón, el algodón crudo se recoge y se limpia. Luego, se hila para obtener hilos y se entreteje como tela. En el pasado, los pasos de este proceso se hacían a mano.

1. Cultivo del algodón

La fibra de algodón crudo se forma dentro de la cabeza de las semillas de la planta de algodón. Esa cabeza se llama cápsula. La cápsula es pequeña y redonda. Se abre cuando las semillas están maduras.

Una cápsula de algodón es una cabeza de semillas.

En la actualidad, se usan máquinas para recoger la fibra de algodón crudo. Las máquinas usan aire para soplar sobre las cápsulas y depositarlas dentro de un inmenso contenedor. Las semillas pequeñas están aún pegadas firmemente al algodón. En esta etapa se llama algodón en semilla.

El algodón en semilla se empaca en grandes piezas o módulos para llevarlo del campo a la fábrica.

2. Procesamiento del algodón

En la fábrica, el algodón en semilla se pone en una desmotadora de algodón. Esta quita las cosas no deseadas que las máquinas cosechadoras recogen. Limpia suciedad, ramas y pedazos de hojas. La desmotadora también le arranca las fibras a las semillas. Cuando esto se hacía a mano en el pasado, era una tarea muy lenta.

La fibra, ahora llamada pelusa, se prensa en balas. La pelusa se sopla y golpea para limpiarla. También se sacan las fibras cortas.

Después, la pelusa se lleva a una máquina que peina las fibras. Esto hace que las fibras se tiendan de lado a lado. Se estiran, para formar una cuerda suave. Peinar las fibras es también el paso final para asegurar que se ha sacado toda la suciedad.

Incluso las primeras desmotadoras hicieron mucho más fácil el procesamiento del algodón.

3. Hilado y tejido del algodón

Una máquina hiladora tuerce la cuerda y la convierte en hilo. El hilo luego se enrolla en inmensos carretes de algodón. Luego se enhebra en un telar o en una máquina de tejer enorme. Un telar teje una pieza de tela grande y plana. Una máquina de tejer produce un gran tubo de tela.

El algodón atraviesa una serie de pasos para convertirse en ropa.

La tela es blanqueada, encogida y tinturada. En ocasiones le imprimen diseños. Después de eso, está lista para ser cortada y hacer ropa u otros artículos. Si miras de cerca tu camiseta o las sábanas de tu cama, probablemente verás los hilos de algodón que fueron tejidos para hacer la tela.

Haz conexiones

¿Cuáles son los principales pasos que permiten convertir el algodón crudo en tela de algodón?

PREGUNTA ESENCIAL

¿Cómo muestran *El salto del Tequendama: Los muiscas y el agua* y *De la fibra a la moda* la forma en que los pasos planeados ayudan a lograr un objetivo?

EL TEXTO Y OTROS TEXTOS

Enfoque: Género

Cuento folclórico Los cuentos folclóricos vienen de una tradición narrativa oral. La trama requiere generalmente que un personaje afronte un reto o resuelva un acertijo para ganar una recompensa, como el amor o la fortuna. Los personajes pueden tener poderes, habilidades especiales o aliados que los ayudan.

Lee y descubre

- *El salto del Tequendama: Los muiscas y el agua* empieza con la frase "En tiempos antiguos". Esto sugiere que es un cuento tradicional (página 2).
- Bochica parecía tener más de cien años, conocía muchas historias y era muy sabio. Esto sugiere que ha vivido más años que una persona cualquiera (página 5).
- Bochica abrió el suelo con su bastón y el pueblo no se volvió a inundar. Este es su poder (páginas 14 y 15).

Tu turno

Piensa en otro reto para Bochica. Describe el plan que él necesitaría elaborar para solucionarlo, con la ayuda de sus poderes especiales.